Politica & Fotografia

FSC
www.fsc.org
MIX
Papier aus verantwortungsvollen Quellen
Paper from responsible sources
FSC® C105338

Emilio Esbardo
Berlino specchio dei tempi

Trelleborger Straße 17, 13189 Berlin
ISBN: 978-3-948473-48-8
Stampato da BoD - Norderstedt, Germania

www.pensierieconfronti.com
www.emilioesbardo.com
www.ilnuovoberlinese.com
www.esbardophotopress.com

Berlino specchio dei tempi

I protagonisti della politica internazionale

Fotografie e testi

di

EMILIO ESBARDO

Richard von Weizsäcker

Duello politico tv

Peer Steinbrück

François Hollande

Frank-Walter Steinmeier

Napolitano e Merkel

INDICE

Presseausweis
Press card · Carte de presse
2020
04-01-015189201
DJV Berlin - JVBB
Dr. Emilio ESBARDO
very hush-husch... THE BERLINER REPORTER
TOP SECRET
UNCLASSIFIED
ROLLEIFLEX
Remember dear readers...
you heard it here first...
off the record...
very very...
hush-hush...
...THE BERLINER REPORTER
CORONA
very hush-husch... THE BERLINER REPORTER

Mikhail Gorbaciov

Henry Kissinger

1

Fautori dell'Unione Europea
Nascita dell'era post Muro

In questo primo breve capitolo mostro le foto di politici, che sono stati protagonisti a livello europeo nella prima fase di costruzione degli equilibri politico-economici attuali. Senza Gorbaciov, non vi sarebbe stata la dissoluzione del blocco sovietico. Helmut Kohl e' stato l'assoluto promotore della riunificazione tedesca. Gerhard Schröder ha rivoluzionato il mercato del lavoro: il suo modello si e' esteso quasi in tutto il vecchio continente. Li ho ritratti anziani. Helmut Kohl, qualche anno prima del decesso, mentre in una solenne cerimonia, gli veniva conferito un francobollo gigantesco con la scritta: Cancelliere dell'unificazione e cittadino onorario d'Europa

20 anni della caduta del Muro

Tra i politici: Silvio Berlusconi, Nicolas Sarkozy e José Luis Rodríguez Zapatero

il Quotidiano
Domenica 8 novembre 2009

Grandi assenti alle celebrazioni per l'anniversario della caduta Kohl e Obama

Il Muro venti anni fa e la stanza del silenzio

BERLINO – Una Stanza del Silenzio aperta al pubblico da 15 anni nell'ala più settentrionale della Porta di Brandeburgo a Berlino offre a turisti e berlinesi la possibilità di trascorrere momenti di meditazione in un luogo denso di storia, anche tragica. L'idea di dedicare uno spazio aperto al silenzio nel centro di Berlino – sul modello della Meditation Room del quartiere generale delle Nazioni Unite a New York, istituita nel 1954 dall'allora segretario generale Dag Hammarsskjoeld – è nata nel 1988 nel settore orientale della capitale tedesca all'epoca ancora divisa. Dopo la riunificazione della Germania nel 1990 fu ripresa anche da esponenti di Berlino ovest che formarono un comitato con persone di religioni e orientamenti diversi per trovare un edificio adatto, situato il più vicino possibile all'ex linea di demarcazione tra i due settori. Questo comitato nel 1993 si è costituito in associazione per la promozione della Raum der Stille (vuol dire appunto Stanza del silenzio) e grazie all'appoggio dell'amministrazione di Berlino il 27 ottobre 1994 ha potuto aprire il suo spazio nell'edificio più settentrionale del complesso della Porta di Brandeburgo, costruita a partire dal 1788 e completata nel 1791 da Carl Gotthard Langhans, sul modello idealizzato dei Propilei di Atene. Va ricordato che la Porta di Brandeburgo, una delle antiche porte urbane di Berlino quando esistevano ancora le mura cittadine, è il monumento più conosciuto della città e dopo la caduta del muro, avvenuta il 9 novembre 1989, è diventata il simbolo dell'unità tedesca. La Stanza del silenzio vuole in qualche modo fare da contrappeso alla intensa presenza di turisti e memorie storiche che circondano la porta di Brandeburgo e offrire a tutti un momento di riflessione.

Intanto, si registrano le prime defezioni per le celebrazioni del ventennale della caduta del Muro. Helmut Kohl, il cancelliere della riunificazione, non parteciperà alle celebrazioni di domani: si tratta di un'assenza eccellente, ma non sarà l'unica, poichè anche il suo predecessore, Helmut Schmidt, sarà costretto a seguire i festeggiamenti dalla tv e all'appuntamento non ci sarà neanche il presidente americano Barack Obama. Obama sarà impegnato nel suo primo viaggio ufficiale in Asia e al suo posto ci sarà il segretario di Stato Usa, Hillary Clinton. Per Kohl e Schmidt è una questione di salute. È stato l'ufficio di Kohl a dare la notizia, ma già lo scorso 31 ottobre, in occasione dell'incontro a Berlino con Gorbaciov e Bush senior, era apparso chiaro che l'ex cancelliere non si era ancora ripreso dalla caduta del febbraio 2008.

Alcune immagini di Berlino dopo la caduta del Muro, avvenuta il 9 novembre 1989: quest'anno ricorre il ventennale dell'avvenimento

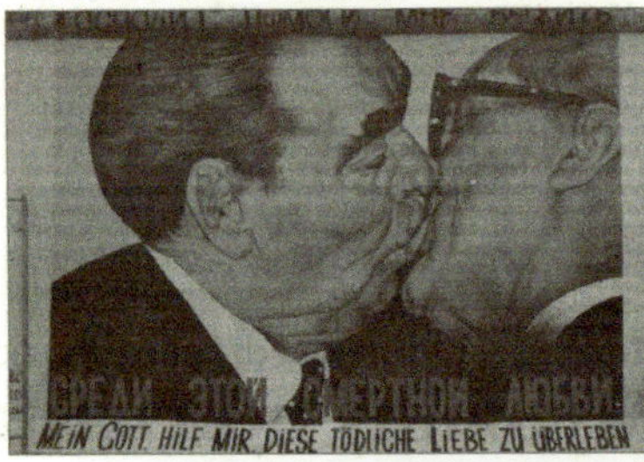

IL RICORDO

La folla si radunò per una risposta sbagliata del ministro

di EMILIO ESBARDO

DALLA conclusione della seconda guerra mondiale fino al suo abbattimento, il Muro Berlino fu il capro espiatorio di due ideologie contrapposte: il luogo di scontro tra il comunismo ed il capitalismo, rappresentativo della divisione del mondo in due blocchi. Berlino era il centro e il cuore della guerra fredda, la linea di confine che divideva i Paesi capitalisti dai Paesi comunisti: ogni contrasto tra le due superpotenze, ogni crisi, venivano sentiti immediatamente, toccati con mano dai cittadini berlinesi.

Come il cosiddetto "blocco di Berlino", iniziato il 24 giugno 1948, quando l'URSS interruppe gli accessi ai tre settori occupati da americani, francesi e inglesi, tagliando tutti i collegamenti stradali e ferroviari, che collegavano la città con il resto della Germania occidentale. Berlino, ricordiamolo, era all'interno della DDR. Le parti occidentali rimasero senza viveri, medicinali e addirittura senza corrente elettrica, anch'essa sotto il controllo sovietico. Si decise per un ponte aereo, grazie al quale furono trasportati interi container pieni di carbone, viveri, medicinali e pacchetti di caramelle per i bambini. Il ponte aereo durò 462 giorni.

Anche quest'anno si terrà una cerimonia in ricordo di tale avvenimento, che in concomitanza con i vent'anni della caduta del Muro, assumerà un significato particolare.

La caduta del Muro di Berlino, avvenuta nella notte tra il 9 e il 10 novembre, avrebbe portato a un cambiamento radicale dello scacchiere economico, sociale e politico non solo dell'Europa, bensì del mondo intero. Il 9 novembre rappresenta una data epocale, chiude definitivamente, secondo il parere di molti storici, i conflitti, gli scontri e i dissapori della seconda guerra mondiale. Il 9 novembre celebra il valore della libertà e della democrazia. Nel 2005, il parlamento italiano, l'ha proclamato come "Giorno della libertà", per ricordare la fine di tutti i totalitarismi. Non senza le polemiche dell'opposizione di centrosinistra, visto che l'Italia già festeggia il giorno della Liberazione il 25 aprile.

La costruzione del Muro, che divise la città in due e separò tra di loro familiari, amici e amori, iniziò nelle prime ore del 13 agosto 1961. I soldati ricevettero l'ordine di sparare su tutti coloro che cercavano di attraversare la zona di confine e nonostante tutto ci furono persone che tentarono la fuga: ad alcuni riuscì ad altri costò la vita. Tante furono le persone uccise nel tentativo di attraversare il Muro: lungo il Muro di Berlino: circa 230; lungo il confine tra le due Germanie: circa 650. Il reato di "Fuga dalla Repubblica" prevedeva tre anni di carcere. Più di 30.000 prigionieri politici sono stati venduti alla Repubblica Federale.

La sua caduta avvenne per caso e grazie a una domanda di un giornalista italiano, Riccardo Ehrmann, al ministro della propaganda della DDR Günter Schabowski, durante una conferenza stampa.

> Centinaia le vittime nel tentativo di passare il confine

Schabowski avrebbe dovuto comunicare ai berlinesi dell'est che sarebbe stato concesso loro di attraversare il confine con un adeguato permesso. A Schabowski, però, non diedero nessuna direttiva su come divulgare la notizia. Alla domanda di Ehrmann: "E da quando?", il poco preparato ministro rispose: "Per quel che ne so entra in vigore, beh, da subito".

L'annuncio di Schabowski, trasmesso in televisione,

fece radunare una folla enorme davanti ai checkpoint, che non poté essere più respinta dalle guardie di confine. Il Muro fu abbattuto velocemente e molti suoi pezzi divennero dei souvenir.

A Berlino non mancheranno naturalmente i festeggiamenti, che termineranno con i fuochi di artificio alla Porta di Brandeburgo. Installazioni, mostre, eventi in piazza racconteranno i mutamenti architettonici e sociali degli ultimi venti anni.

Berlino è una città molto amata dagli italiani e una delle mete favorite dai turisti nostrani. Inoltre gli italiani trapiantati a Berlino sono più di 15.000, la quarta comunità di stranieri della città. Essi hanno dato un contributo importante nella formazione della Berlino riunificata, come l'architetto Renzo Piano. Dopo la caduta del Muro vi è stata un'inattesa colonizzazione culturale italiana. I berlinesi iniziarono ad innamorarsi della cucina italiana e per le strade della città, oggi, non è difficile imbattersi in insegne come: "Dopodomani", "Cantamaggio", "Pranzo e cena", "Marmo e Terracotta", "Bar centrale", "Sali e Tabacchi".

L'INIZIATIVA

A Cosenza maratona cinematografica dedicata a Wim Wenders

COSENZA – «Visuale». È questo il tema che farà da filo conduttore alla seconda edizione del festival "Fata Morgana» che si svolgerà nel Piccolo teatro dell'Unical da domani al 15 novembre. Ad inaugurare questa seconda edizione una giornata dedicata interamente al regista tedesco Wim Wenders. Inoltre, poichè il nove novembre ricorre il ventennale della caduta del muro di Berlino, il festival si apre con una maratona, che partirà alle nove del mattino con «Nel corso del tempo», per arrivare fino a tarda notte con il» Director's Cut» di «Fino alla fine del mondo». Novità di quest'anno la collaborazione con il Festival dei Popoli di Firenze. Al riguardo è prevista una finestra giornaliera per presentare alcuni dei film più interessanti dell'edizione 2009 del festival toscano.

Wim Wenders

«Gente del mondo (...) guardate questa citta' e i suoi cittadini e riconoscete che non potete e non dovete abbandonarli (...)»

- Ernst Reuter (9 settembre 1948), sindaco di Berlino durante il "blocco" del 1948

«Duemila anni fa, il piu' grande orgoglio era dire "civis Romanus sum." Oggi, nel mondo libero, il piu' grande orgoglio e' dire "Ich bin ein Berliner." (...) Ci sono molte persone al mondo che non capiscono, o che dicono di non capire, quale sia la grande differenza tra il mondo libero e il mondo comunista (...) Che vengano a Berlino (...) La liberta' e' indivisibile e quando un solo uomo e' reso schiavo, nessuno e' libero (...) Ogni uomo libero, ovunque viva, e' cittadino di Berlino. E, dunque, come uomo libero, sono orgoglioso di dire "Ich bin ein Berliner" (...)»

- John F. Kennedy (26 giugno 1963), Berlino Ovest

A destra: il mio articolo apparso sul Quotidiano della Calabria l'8 novembre 2009, in occasione dei 20 anni dalla Caduta del Muro

Konrad
Adenauer
Stiftung

Cancelliere dell'unita' tedesca e cittadino d'onore europeo

Il 1° ottobre 1982, Helmut Kohl e' stato eletto per la prima volta cancelliere. In occasione dei trent'anni dall'evento, il 27 settembre 2012, la Konrad-Adenauer-Stiftung ha celebrato l'avvenimento in presenza del festeggiato, giunto sulla sedia a rotelle in compagnia della sua seconda moglie Maike Richter. Tra i presenti vi era anche Romano Prodi. Per la circostanza e' stato prodotto un francobollo di 55 centesimi, con la scritta "Cancelliere dell'unita' tedesca e cittadino d'onore europeo". Helmut Kohl e' l'unica personalita' ad essere stata omaggiata di un francobollo, da vivo, insieme a Papa Benedetto e a Jean Monnet. Helmut Kohl e' stato il politico che ha mantenuto piu' a lungo la carica di cancelliere nella Repubblica Federale: ben 16 anni.

Genscher, allora Ministro degli Esteri della Germania dell'ovest, tra i massimi promotori dell'unificazione tedesca, verra' sempre ricordato per aver annunciato, il 30 settembre 1989, da un balcone ai cittadini della DDR, rifugiatisi nell'Ambasciata della Germania ovest a Praga, che era stato concesso loro il permesso di lasciare la loro Repubblica.

Genscher, Henry Kissinger, Giorgio Napolitano

Martedi' 8 novembre 2014, di fronte ad ospiti illustri quali l'ex ministro degli esteri francese Roland Dumas, Mikhail Gorbaciov ha tenuto un discorso, durante l'evento "Il mondo 25 anni dopo la caduta del Muro di Berlino - nuove crisi, nuovi dubbi, nuovi muri".

"Il mondo e' sull'orlo di una nuova guerra fredda", ha affermato Gorbaciov, aggiungendo: "invece di costruire nuovi meccanismi ed istituzioni e ricercare una maggiore smilitarizzazione - come promesso casualmente nella dichiarazione della NATO a Londra - l'occidente, e particolarmente, gli Stati Uniti, hanno dichiarato la loro vittoria della Guerra Fredda. Euforia e trionfalismo hanno prevalso sui leader occidentali (...) hanno preteso il monopolio della leadership e la dominazione del mondo (...) Gli eventi recenti sono le conseguenze di una politica miope e dal desiderio di imporre la propria volonta' sugli altri (...)"

Gerhard Schröder

Il Cancelliere della riforma epocale conosciuta come Agenda 2010

Helmut Schmidt

Festa di compleanno al Castello Bellevue a Berlino

2

Politica internazionale

Era Angela Merkel

Le foto di questo secondo capitolo mostrano i protagonisti di una nuova era politica, quella che coincide con l'elezione a cancelliera di Angela Merkel. Berlino e' divenuto uno dei maggiori centri della politica internazionale, dove si sono recati capi di stato e personalita' politico-economiche. Solo le foto del G20 sono state scattate ad Amburgo. I politici ritratti sono alle prese con i problemi di un mondo nuovo, non piu' diviso in due blocchi come durante la guerra fredda ma globalizzato. Nel panorama mondiale si stanno affacciando nuove potenze come la Cina e l'India. La Russia con Putin e' ritornata ad essere una potenza militare. Tra le questioni chiave ci sono sono migrazione, terrorismo, dittature, parita' di genere, crisi economica, cambiamenti climatici, gentrificazione

21 settembre 2013 - Tempodrom, Berlino

Angie
Angie
Angie
Angie
Angie

17 dicembre 2013

Angela Merkel

Norbert Lammert

Angela Merkel e Erna Solberg

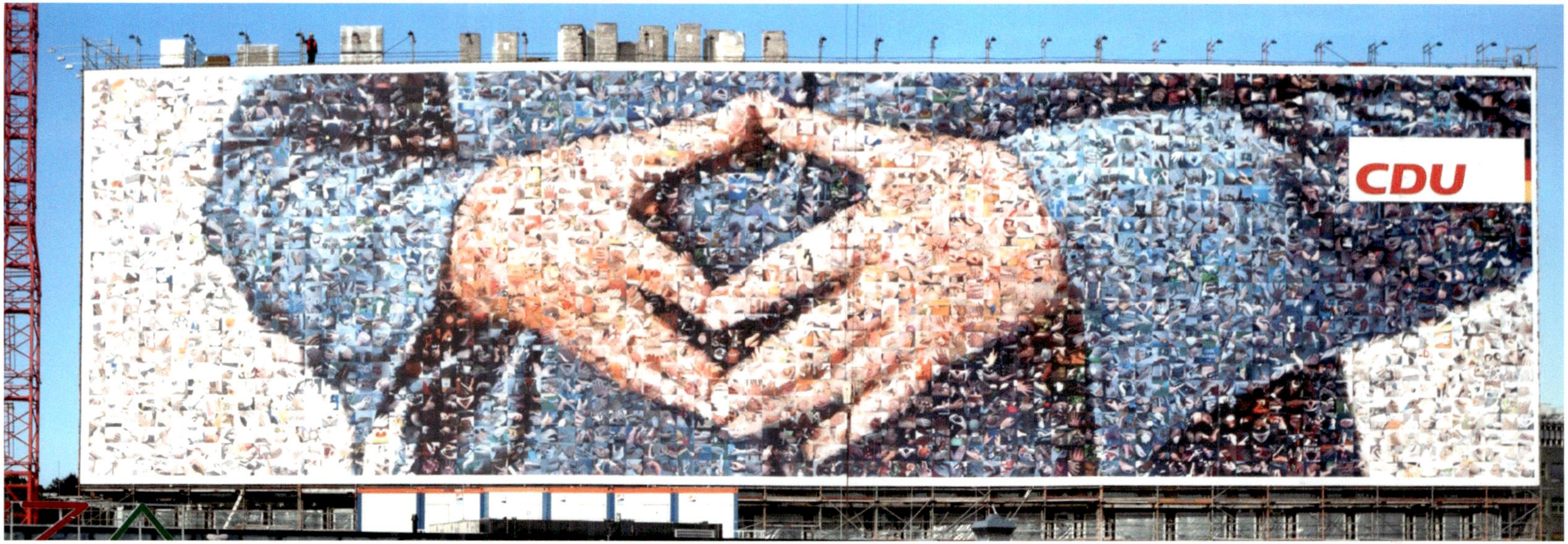
CDU

14 marzo 2018

Benjamin Netanyahu

Park Geun-hye

Mahmūd Abbās

Rafael Correa Delgado

Jens Weidmann

Muhammad Yunus

A Berlino si sono recati personalita' di ogni nazionalita' e dalle biografie differenti ed opposte. Dei brevi esempi: Correa, presidente dell'Ecuador dal 2007 al 2017, e' stato lievemente ferito durante un

Manmohan Singh

Ban Ki-moon

Manuel Durão Barroso

Summit europeo per la grave disoccupazione giovanile

03.07. 2013

Herman Van Rompuy

fallito colpo di Stato nel 2010. Park Geun-hye, prima donna a ricoprire il ruolo di Presidente della Corea del Sud dal 2013 al 2017, viene accusata di corruzione. E il 6 aprile 2018 viene condannata a 24 anni di carcere. Muhammad Yunus, premio Nobel per la pace 2006, e' l'ideatore del microcredito moderno, destinato ad imprenditori poveri, non idonei a crediti dai circuiti bancari tradizionali. Jens Weidmann e' il presidente della Deutsche Bundesbank dal 2011. Netanyahu e' l'attuale Primo ministro israeliano dal 31 marzo 2009. Mahmūd Abbās e', tra l'altro, Presidente dell'Organizzazione per la Liberazione della Palestina. Manmohan Singh e' stato Primo ministro dell'India dal 2004 al 2014. Ban Ki-moon e' stato segretario generale delle Nazioni Unite dal 2007 al 2016. Le altre foto riguardano le alte cariche dell'Unione Europea.

Recep Tayyip Erdogan, 04.02.2014

Xi Jinping

I panda Meng Meng e Jiao Qing

Ambasciatori di Germania e Cina

Angela Merkel ha affermato: "Credo che Jiao Quing e Meng Meng diventeranno ambasciatori speciali dei nostri due Paesi e speriamo che rallegreranno moltissime persone".

Berlino, 5 luglio 2017

G20, Amburgo, 7-8 luglio 2017

Prima fila da sinistra a destra: Emmanuel Macron (Francia), Donald Trump (USA), Joko Widodo (Indonesia), Enrique Peña Nieto (Messico), Jacob Zuma (Sudafrica), Mauricio Macri (Argentina), Angela Merkel (Germania), Xi Jinping (Cina), Vladimir Putin (Russia), Recep Tayyip Erdoğan (Turchia), Michel Temer (Brasile), Moon Jae-in (Corea del Sud)
Seconda fila da sinistra a destra: Alpha Condé (Repubblica di Guinea), Paolo Gentiloni (Italia), Justin Trudeau (Canada), Narendra Modi (India), Shinzō Abe (Giappone), Malcolm Turnbull (Australia), Theresa May (Gran Bretagna), Donald Tusk (Presidente del Consiglio europeo), Jean-Claude Juncker (Presidente della Commissione europea).
Terza fila da sinistra a destra: António Guterres (Segretario generale delle Nazioni Unite), Erna Solberg (Norvegia), Mark Rutte (Paesi Bassi), Macky Sall (Senegal), Lee Hsien Loong (Singapore), Mariano Rajoy (Spagna), Nguyễn Xuân Phúc (Vietnam), Mohammed al-Dschadan (Arabia Saudita), José Ángel Gurría Treviño (Segretario Generale dell'OCSE)
Ultima fila da sinistra a destra: Roberto Azevêdo (Direttore generale

Donald Trump

Putin

Paolo Gentiloni

dell'Organizzazione mondiale del commercio), Tedros Adhanom Ghebreyesus (Direttore generale dell'Organizzazione mondiale della sanità), Christine Lagarde (Direttore Operativo del Fondo Monetario Internazionale), Guy Ryder (Direttore generale dell'Organizzazione internazionale del lavoro), Jim Yong Kim (Presidente della Banca Mondiale), Mark Carney (Governatore della Banca d'Inghilterra)

Proteste

(...) Il mondo cambia cosi' velocemente: Gli inglesi sono andati contro l'Europa e cosi' si sono autoesclusi al globalismo. Gli americani vanno contro mezzo mondo, perdendo in tal modo drammaticamente influenza. I cinesi e i tedeschi, al contrario, aumentano la loro sfera d'influenza costantemente (...)
- Dall'articolo "Mit einer Stimme" di Frank Sieren, pag. 15, Handelsblatt, 7/8/9 luglio 2017 (TRADUZIONE LIBERA DELL'AUTORE DELL'ARTICOLO)

Da come si puo' comprende da questo passaggio dell'interessante articolo di Frank Sieren, e' stato un incontro molto complicato quello tra i capi di stato delle nazioni piu' industrializzate durante il G20. Si temeva che, a causa di forti dissapori, sarebbe potuto terminare persino prima, causando ulteriori asti e incomprensioni. La Cancelliera si era posta la missione di portare avanti il progetto approvato durante l'accordo di Parigi per la salvaguardia della terra, dove si stanno rilevando drastici cambiamenti climatici a causa del riscaldamento globale. Per questo motivo doveva provare a convincere Donald Trump ad accettare il compromesso. Diplomaticamente non ha tentato il pericoloso gioco di formare una coalizione "tutti con Trump", dunque isolandolo, ma ha scelto la via del dialogo. Poi il fatto che Trump abbia intrapreso una politica che va in direzione dell'isolazionismo e del protezionismo degli Stati Uniti ("America first") a discapito del libero scambio e delle frontiere aperte, ha spinto a rafforzare l'asse Berlino-Parigi in una sorta di "Europa first".
Ed a proposito di libero scambio, proprio l'ordine esecutivo del 23 gennaio 2017 per ritirare formalmente l'adesione al TPP degli Stati Uniti firmato da Donald Trump, ha portato alla negoziazione di un trattato commerciale tra il Giappone e l'Unione Europea. Il TPP, abbreviazione di Partenariato Trans-Pacifico, e' un accordo di libero scambio tra dodici paesi della zona pacifica e asiatica: Stati Uniti, Giappone, Vietnam, Australia, Brunei, Canada, Cile, Giappone, Messico, Malesia, Nuova Zelanda, Singapore, Peru'.

Dopo l'accordo fallito con gli Stati Uniti, quello tra Giappone e Unione Europea e' stato salutato con entusiasmo dal Primo Ministro del Giappone Shinzō Abe, prima del G20, con la frase: "Issiamo la bandiera del libero scambio". I punti piu' critici riguardano la scelta dei giudici che dovranno decidere le controversie tra imprese e stati e la spinosa questione della protezione dei dati. Secondo le previsioni di Juncker il trattato, se tutto va bene, dovrebbe entrare in vigore all'inizio del 2019 e i giudici dovrebbero essere statali e non privati.

Sulla questione della scelta dei giudici stava per fallire il CETA, il trattato di libero scambio tra Canada e Unione europea, che entrera' in vigore in maniera transitoria il 21 settembre 2017. Esso dovra' essere ratificato dai parlamenti nazionali dei 28 Stati membri e di alcuni regionali. Il trattato cessera' di esistere anche solo se un parlamento nazionale o regionale della UE non ratifichera' l'accordo.

Donald Trump, dal canto suo, prima del G20 era stato in visita in Polonia, il cui Governo ultraconservatore, rispecchia le idee protezioniste del Presidente americano.

Jean-Claude Juncker

Justin Trudeau

Christine Lagarde

Mohammed al-Dschadan

Mariano Rajoy

Erdoğan

Circa due terzi della popolazione mondiale vive negli stati del G20, che producono piu' o meno l'80% del prodotto interno lordo globale.

Un'Europa forte e' nell'interesse dei tedeschi, come ha affermato la Cancelliera: "Nel lungo periodo in Germania le cose andranno bene, se andranno bene anche in Europa". E' per tale motivo che Merkel vuole instaurare un rapporto "stretto basato sulla fiducia e sull'amicizia" con Macron, il quale a suo volta desidera essere "un partner aperto, diretto e costruttivo".

Incontro tra Merkel e Szydło

Il problema europeo dei rifugiati

Il Primo ministro della Polonia Beata Szydło si e' recata, venerdi' 12 febbraio 2016, a Berlino, per discutere con Angela Merkel su questioni fondamentali riguardanti l'Unione europea. Sin dagli onori militari fino alla congiunta conferenza stampa si e' percepito un certo nervosismo ed astio tra i due leader. Szydło ha sorriso soltanto durante le strette di mano. Il premier polacco, in carica dal 16 novembre 2015, fa parte del partito euroscettico, di destra, di ispirazione conservatrice Diritto e Giustizia (in lingua originale: Prawo i Sprawiedliwość; abbreviato: PiS). Dal cambio di governo, i rapporti diplomatici tra Germania e Polonia sono peggiorati drasticamente. Uno dei punti maggiori di disaccordo riguarda il problema dei rifugiati e il rifiuto del governo polacco di imporre quote di accoglienza per tutti i Paesi europei.

BERLINO...
...L'IMMIGRAZIONE

Anche a Berlino si percepiscono grandi problemi come immigrazione, gentrificazione e terrorismo, per citare alcuni esempi. le foto seguenti ne sono testimonianza.

Berlino in mutamento

tra proteste ed integrazione

BERLINO...
...IL TERRORISMO

L'attentato di Berlino del 19 dicembre 2016 ha causato 12 morti e 56 feriti. Esso si inserisce, purtroppo, in una serie di casi simili a livello internazionale come ad esempio la strage di Nizza del 14 luglio 2016, l'attentato di Londra del 22 marzo 2017 e quello di Stoccolma di 7 aprile 2017.

il camionista polacco Urban con l'autoarticolato Scania R 450, alle 20.02 inizia la corsa contro il mercatino di Natale a Breitscheidplatz

Dei 12 morti (sei uomini e sei donne), 7 sono tedeschi, i restanti sono di nazionalita' italiana, ucraina, israeliana, ceca e polacca

IMMOBILIENHAIE
ZU
FISCHMEHL!
park inn

BERLINO...
...GENTRIFICAZIONE

La gentrificazione a Berlino, come in tutte le metropoli, sta causando il trasferimento forzato delle persone piu' povere dal centro citta' in periferia e la rivalutazione in quartieri di lusso di luoghi un tempo popolari. Ci sono state molte manifestazioni e proteste degli abitanti.

In alto a sinistra: La regina dei Belgi Matilde. In alto al centro: Il re dei Belgi Filippo. In alto a destra: Filippo VI di Spagna e consorte Letizia Ortiz. A sinistra: Re Letsie III e Regina Masenate Mohato Seeiso di Lesotho. Il sindaco di Berlino accompagna spesso ospiti illustri attraverso la Porta di Brandeburgo

REALI A BERLINO

Catherine, Duchess of Cambridge

Prince William, Duke of Cambridge

Questioni di interesse europeo e globale

Brexit

Il principe William e sua moglie Catherine Middleton, duchessa di Cambridge, si sono recati in visita a Berlino il 19 luglio 2017. Con loro vi erano anche i figli George e Charlotte. Angela Merkel li ha ricevuti di fronte a numerosi fotografi.

Il pomeriggio William e Kate sono stati accolti, sempre in presenza di molti fotografi, dal neo Presidente della Germania Frank-Walter Steinmeier e da sua moglie Elke Büdenbender presso il Castello Bellevue.

Venerdi' 26 giugno 2015 e' stato il termine di un tour de force, anche per giornalisti e fotografi, i quali hanno documentato la permanenza di Elisabetta II nella capitale tedesca.

Questa e' la quinta volta che la Regina si reca in visita in Germania.

Vi era gia' stata nel 1965, nel 1978, nel 1992, nel 2004.

Elisabetta II, 89nne, ha affrontato, insieme a suo marito Filippo di Edimburgo, tale viaggio con l'obiettivo di rafforzare i rapporti tra la Germania e il Regno Unito.
Non a caso durante la permanenza dei reali e' giunto anche il premier David Cameron, che era gia' stato in Cancelleria a Berlino il 29 maggio scorso. Durante il banchetto di Stato, presso il Castello Bellevue, la Regina ha tenuto un discorso teso ad ammonire contro i forti dissensi/contrasti all'interno dell'Unione Europea. Di fronte a 135 personalita' del mondo dell'economia, della politica e della societa' ha affermato: "l'Unione europea ha bisogno della Gran Bretagna. Un'Europa unita significa stabilita', pace e liberta' per tutti noi". Ho seguito la visita di Elisabetta II sia come giornalista sia come fotografo. Vi e' stato un forte dispiegamento di forze dell'ordine, inferiore solo alla visita di Obama. Sulla foto a sinistra viene ricevuta dal Presidente tedesco Joachim Gauck

Ciao Gran Bretagna!

I cittadini britannici decidono di lasciare
l'Unione europea

BREXIT IL GIORNO DOPO: I TITOLI DEI MAGGIORI QUOTIDIANI INTERNAZIONALI

(25 giugno 2016). A giugno del 1975, il popolo britannico fu invitato, attraverso un referendum, a confermare l'adesione alla Comunita' Economica Europea (CEE). La maggioranza voto' per il "Si'" (67,2%). Il governo britannico aveva gia' chiesto di entrare a far parte della CEE - istituita il 25 marzo 1957 con il Trattato di Roma stipulato da Italia, Repubblica Federale di Germania, Francia, Belgio, Paesi Bassi e Lussemburgo - nel 1961, temendo di restare marginalizzata tra gli Stati Uniti e l'Unione Sovietica. Allora fu il generale De Gaulle, che si oppose fortemente. La Francia rimosse il suo veto soltanto nel 1973.

Il primo cambio di rotta contro il progetto europeo e' avvenuto, nel 1979, con l'elezione di Margaret Thatcher a Primo ministro del Regno Unito, che a causa della grave recessione, che stava colpendo il suo Paese, ha sintetizzato il suo astio contro la CEE, con la famosa frase: "I want my money back" (rivoglio indietro i miei soldi).

Sempre a causa della richiesta di una riduzione dei contributi britannici alla CEE, nel 1984, François Mitterrand, che cedera' in seguito alle pretese del premier britannico, rispose irritato alla Thatcher: "Signora mia, non e' che voi siete poveri!".

Nel 1992, il termine "economica" verra' tolto dalla CEE, la quale verra' soppiantata definitivamente dalla UE (Unione Europea), il primo dicembre 2009, con il Trattato di Lisbona.

ANALISI DEL VOTO

Giovedi' 23 giugno 2016, i britannici hanno votato contro la permanenza in Europa. I protagonisti del "No" sono stati Nigel Farage e Boris Johnson.

Boris Johnson, 51 anni, ex sindaco di Londra ed ex giornalista corrispondente a Bruxelles. Alcuni lo definiscono come un Clown. Nigel Farage, 52 anni, ha abbandonato, 24 anni fa, il partito dei conservatori, come protesta all'adesione al Trattato di Maastricht (1992), voluta dall'allora premier John Major. 17 anni fa, ha fondato il Partito per l'Indipendenza del Regno Unito ("United Kingdom Independence Party", abbreviato UKIP). I termini, piu' utilizzati, per incendiare l'odio delle masse, e raccogliere voti sono stati: "Banche", "Multinazionali", "Corruzione", "Inganno". Con la vittoria del "No" ha raggiunto il suo scopo politico: la divisione della Gran Bretagna dall'Unione Europea. Boris Johnson, si e' schierato, invece, a favore del "No", per fare uno sgambetto politico al suo compagno di partito David Cameron e soppiantarlo alla guida del Paese. Il 21 febbraio 2016 ha inviato un SMS a Cameron, informandolo, che avrebbe sostenuto il fronte opposto al suo.

Secondo le statistiche riportate dalla stampa, il 73% degli inglesi, tra i 18 e i 24 anni, hanno votato per il "Si'". A questi si aggiungono il 56% delle persone tra i 25-50 anni. Gli ultra cinquantenni hanno votato in preponderanza per il "No". A Londra la maggioranza ha votato per la permanenza in Europa, mentre nelle zone rurali si e' deciso contro. Il 71% delle persone con un livello d'istruzione superiore hanno votato per la permanenza, mentre il 66% di coloro i quali hanno interrotto gli studi hanno votato contro.

La Regina Elisabetta, che non si e' espressa sul referendum, a 90 anni suonati, con le dimissioni di Cameron, ricevera' prossimamente il suo 14simo Primo Ministro britannico. Cameron, che aveva sempre avuto fortuna finora, ha subito la "iattura" dell'Europa, che aveva gia' costretto alle dimissioni Margaret Thatcher e John Major.

La stampa europea e' stata molto dura con Cameron. Basta citare l'affermazione di Felipe González Márquez apparsa su El País:

HA INCENDIATO LA CASA PER SALVARE I MOBILI ED E' RIMASTO SENZA

CASA E SENZA MOBILI. David Cameron passera' alla storia come IL politico irresponsabile che ha messo in gioco l'interesse generale della Gran Bretagna e dell'Europa per risolvere un suo problema personale e del suo partito...

Molto piu' morbida invece la linea della stampa britannica. Nell'articolo del The Times, intitolato "Intelligente, calmo, bravo, coraggioso, ma senza speranze contro la forza del partito", vi e' un ritratto di Cameron, come di persona intelligente, di famiglia aristocratica; lui e Blair sono gli unici due, tra gli ultimi sette Premier, a non aver frequentato una scuola statale. Anche se il referendum era sbagliato, non aveva altra scelta che indirlo, perche' come termina l'articolo:

La sua giovinezza ha contribuito ad esporsi al rischio. Ma credo che, dopo 30 anni di grande acrimonia sull'Europa, non aveva altra scelta se non proclamare il referendum e il Paese rimpiangera' le sue dimissioni.

Lo stesso Cameron, bisogna aggiungere, era "debolmente" a favore del "Si'".

REAZIONI A CALDO DELLA STAMPA EUROPEA E INTERNAZIONALE

Leggendo le reazioni a caldo della stampa europea e internazionale, a molti che non ne erano consapevoli, puo' apparire incredibile quanto odio e divisioni, vi sono, tra persone di Paesi differenti ma anche tra persone della stessa nazionalita'. Che terremoto e che conseguenze distruttrici, il "Brexit" comporta, basta pensare ai 1.3 milioni di britannici in Europa, che non sanno quale sara' il loro destino. E altrettanto dicasi, di tutti gli stranieri in Gran Bretagna, che, a loro volta, non conoscono il loro

futuro...
Nel frattempo si parla di Frexit, Nexit e Czexit, di referendum in Scozia per l'indipendenza dal Regno Unito, ma anche in Irlanda del Nord; inoltre in Irlanda persone come Sinn Fein vorrebbero riunificare l'intera regione.
Trump, in Scozia, definisce il "Brexit" come "Una grande cosa", perche' con la svalutazione della moneta britannica, i profitti delle sue imprese, in questo Paese, aumenteranno di molto.
Barack Obama, invece, aveva appellato contro l'uscita dall'Europa.
E mentre i giornalisti italiani enfatizzano un ruolo di Renzi nell'incontro con la Merkel e Hollande, Le Monde parla unicamente di un asse portante Berlino-Parigi...
Ma procediamo per tematiche, iniziando a descrivere le preoccupazioni di tutte le persone che hanno rapporti con il Regno Unito. Una beffa per i circa 700.000 espatriati britannici in Europa, che non avevano diritto al voto.

BREXIT E LE CONSEGUENZE PER LE PERSONE

Germania. Il Berliner Morgenpost ha pubblicato un articolo intitolato "Was der Brexit für Berlin und seine Bürger bedeutet" (Cosa significa il Brexit per Berlino e per i suoi cittadini). A Berlino vivono e lavorano all'incirca 10.000 sudditi della Regina Elisabetta. Secondo quanto emerso dall'inchiesta del quotidiano tedesco, molti si vorrebbero affrettare ad ottenere un passaporto tedesco o di doppia cittadinanza. Mark Reeder, ad esempio, musicista e showman, ha raccontato di essere giunto a Berlino 38 anni fa. Oramai si sente piu' tedesco ed europeo che britannico.
Gran Bretagna. The Times riporta, che nel continente vi sono 1,3 milioni di persone che aspettano con orrore le conseguenze delle trattative diplomatiche con l'Unione

Europea. Con la svalutazione della sterlina, sara' molto piu' difficile per i pensionati tirare avanti all'estero, mentre i giovani temono la perdita del lavoro, se sara' reintrodotto l'obbligo del visto. Danny Daniels, che lavora come consigliere comunale a Arboleas in Andalusia, dove dei 5000 abitanti, 3800 sono britannici, ha raccontato che le persone sono spaventate dalla probabile perdita del diritto alla assistenza sanitaria, finora gratis come cittadini europei. Le stesse paure hanno i 200.000 britannici, che vivono e lavorano in Francia.

Italia. Nell'articolo, de Il Corriere della Sera, "La Brexit e lo sgambetto dei nonni alle nuove generazioni", vi e' questo passaggio che descrive molto bene la sensazione di paura e incertezza dei giovani:

"I giovani inglesi, forse, non hanno saputo convincere le generazioni precedenti. Cosa gli accadra'? Cosa accadra' ai loro coetanei sul Continente, ormai di casa a Londra? (...) l'incertezza e l'ansia sono gia' certe. I giovani, in questo Paese, sono abituati a viaggiare, vivere e lavorare dovunque: grazie all'inglese, ai percorsi accademici, a una lodevole predisposizione all'esplorazione. E per i giovani italiani? Brexit, prima d'essere dannoso, e' doloroso, come una separazione in famiglia (...)". Vengono riportate molte testimonianze come quella di "Giovanni Crovetto, milanese, 32 anni, otto passati a Londra, lavorando in campo finanziario".

Spagna. El País riporta un titolo molto forte: "Ci sentiamo come se fossimo in lutto - Gli spagnoli che risiedono a Londra vivono con stupore e incredulita'".

Tra le testimonianze vi e' quella di Alberto Barba, un architetto, impiegato in un ufficio dell'irachena Zaha Hadid, dei cui 400 lavoratori solo il 5% e' britannico. Barba vive da 13 anni a Londra ed ha tre figli. Pensa seriamente di trasferirsi. La scultrice María Arceo, vive da 32 anni a Londra e ricorda ancora con apprensione i visti e gli ostacoli burocratici, quando nell'anno del suo arrivo, nel 1984, la Spagna non faceva ancora parte dell'Europa.

BREXIT E LE CONSEGUENZE ECONOMICHE

The Times ha pubblicato un articolo, che spiega l'allarme tra gli industriali: "l'industria avverte di probabili perdite di posti di lavoro". L'industria dello Scotch si e' gia' detta pessimista. La Nissan che impiega 7000 operai e' tentata di spostare le proprie operazioni in Francia.
Airbus UK, che impiega 15.000 operai, minaccia di spostarsi in Germania, Francia e Spagna. La Rolls-Royce sta pensando addirittura di traslocare oltre oceano negli Stati Uniti o in Germania.

EFFETTO DOMINO

La stampa ha esternato la preoccupazione per un effetto domino del "Brexit". La situazione in Europa non e' molto bella. Geert Wilders, fondatore del Partito per la Liberta' (PVV), ha affermato, esultante: "Addio Brussel, adesso tocca ai Paesi Bassi". Marine Le Pen presidente del Fronte Nazionale, ha twittato, "Viva la liberta'! Ora abbiamo bisogno dello stesso referendum in Francia e in altri Paesi della UE".
In Polonia e in Ungheria, al governo vi sono partiti populisti di destra. Critica la situazione anche in Austria (FPÖ, Il Partito della Liberta' Austriaco, aveva quasi vinto, ultimamente, le elezioni presidenziali). In Germania da non sottovalutare e' il partito AfD. E che dire poi di Viktor Orbán, che ha indetto un referendum per dire "No" al progetto di distribuzione equa dei rifugiati in Europa?

David Cameron si dimette

(25 giugno 2016). Questa mattina alle ore 8.00 in Gran Bretagna (ore 9.00 in Italia e Germania), ho seguito, presso il canale televisivo BBC, il discorso di dimissioni del Primo Ministro del Regno Unito David Cameron. Cameron, emozionato, ha dichiarato che oltre 30 milioni di persone si sono espresse e che bisogna rispettare la loro decisione:

Dobbiamo essere orgogliosi del fatto che in quest'isola abbiamo una grande fiducia nelle decisioni della popolazione. Non abbiamo soltanto un parlamento democratico (...) In certe situazioni e' giusto chiedere il parere delle persone ed e' cio' che noi abbiamo fatto. I britannici hanno votato per l'uscita dall'Unione europea e la loro volonta' va rispettata.

Libera circolazione di merci, capitali e persone

(20 luglio 2016). Incontro allegro tra Angela Merkel e la neoeletta premier britannica Theresa May. Il tema principale e' stato naturalmente il Brexit e le relative negoziazioni. L'uscita della Gran Bretagna dall'Unione Europea, secondo quando affermato da May, dovra' avvenire in modo graduale e senza fretta. Merkel stessa ha sostenuto questa posizione, restando rigida su un punto: il Regno Unito non potra' pretendere di trarre vantaggio economico dal mercato interno europeo, grazie alla libera circolazione di merci e di capitali, senza accettare anche la libera circolazione delle persone. Ricordiamo che secondo l'articolo 50, giuridicamente, e' la Gran Bretagna a dover presentare la domanda di espulsione dall'Unione Europea.

Elezioni Europee 2014
Preludio Brexit
Caso Grecia

Dagli europeisti convinti ai cosidetti populisti. In alto a destra Bernd Lucke, fondatore del partito Alternativa per la Germania (AfD) e eurodeputato dal 2014. In basso a destra: Yanis Varoufakis ex Ministro delle Finanze della Repubblica Ellenica. In alto e in basso a sinistra: Martin Schulz, ex Presidente del Parlamento europeo. Le elezioni del 2014 sono state un preludio alla Brexit

tve

Yanis Varoufakis DER GLOBALE MINOTAURUS

ATLAS

Nel 2018 dopo il suo rilascio, Carles Puigdemont si e' recato a Berlino dove ha incontrato i suoi sostenitori. L'incontro con la stampa internazionale ed i cittadini e' avvenuta nel quartiere multiculturale di Kreuzberg. Mentre c'e' chi lotta per un'Europa unita, vi e' chi si batte per la separazione di una comunita' dalla sua nazione. A Berlino ho avuto la possibilita' di testimoniare la questione della Catalogna.

Carles Puigdemont e la questione della Catalogna

In alto: durante la conferenza stampa. A sinistra circondato da giornalisti e sostenitori, una ragazza con la bandiera della Catalogna e la scritta: "Rilasciare i prigionieri politici"

I capi dell'opposizione ucraina a Berlino

Il 17 febbraio 2014 i capi dell'opposizione ucraina Vitali Klitschko e Arseniy Yatsenyuk hanno incontrato Angela Merkel a Berlino per chiedere aiuti finanziari della somma di 610 milioni di euro e per valutare eventuali sanzioni europee contro il Presidente Viktor Janukovyč. Angela Merkel aveva espresso "simpatia per le legittime aspirazioni del popolo ucraino" e promesso l'appoggio della Germania e dell'Europa. Dopo l'incontro con la Merkel, Vitali Klitschko e Arseniy Yatsenyuk hanno tenuto una conferenza stampa nelle sale della CDU / CSU all'interno del Parlamento tedesco. I primi risultati ottenuti in Ucraina, quelli di venerdi' 21 febbraio, sono opera diplomatica dei tre ministri degli esteri Frank-Walter Steinmeier (Germania), Laurent Fabius (Francia) e Radosław Sikorski (Polonia). Premeva molto delimitare il bagno di sangue: a Kiev in due giorni, purtroppo, ci sono stati all'incirca 100 morti in piazza.

INTEGRAZIONE DELL'UCRAINA ALL'EUROPA

Angela Merkel riceve Porošenko

Mercoledi' 13 maggio 2015, Angela Merkel ha ricevuto il Presidente dell'Ucraina Petro Porošenko. La Cancelliera, durante la conferenza stampa, ha immediatamente sottolineato i buoni rapporti tra i due Paesi e la volontà della Germania nel concedere il suo aiuto. "Abbiamo un intenso scambio di opinioni sui temi delle relazioni tra Germania ed Ucraina. Credo di poter affermare che i rapporti bilaterali sono eccellenti", ha affermato la Merkel: "La Repubblica Federale cerca di essere utile nella ricostruzione economica dell'Ucraina, nelle misure di sostegno economiche necessarie e nelle questioni umanitarie". Porošenko ha ribadito le parole della Cancelliera ed ha sottolineato l'importanza della Germania nel processo d'integrazione dell'Ucraina nell'Unione Europea.

Accolte come rockstar

Le due attiviste hanno trascorso quasi due anni nelle carceri per le loro accese proteste contro Putin e la chiesa ortodossa. A dicembre sono state scarcerate grazie ad un'amnistia, che le due ragazze hanno definito una mossa strategica di Putin per migliorare la sua immagine di fronte all'opinione pubblica internazionale. A Berlino hanno descritto il loro periodo in cattivita' e le dure condizioni delle prigioniere politiche. "Siamo qui per rompere il silenzio" hanno detto di fronte ai numerosissimi giornalisti, ai quali all'inizio della conferenza stampa hanno posto la domanda: "Siete pronti a lottare per la verita' fino alla fine?"
Nadeschda Tolokonnikowa e Maria Aljochina hanno fatto appello all'Europa.

Accordi di pace di Minsk

Berlino, 18 ottobre 2016

Vladimir Putin, da quando ho iniziato il mio mestiere di giornalista e fotografo, non era mai stato a Berlino. Era l'unica personalita' di spicco che non avevo ancora immortalato in uno scatto. Dopo 4 anni si e' recato nella capitale tedesca su invito di Angela Merkel per partecipare al cosiddetto vertice del "Quartetto di Normandia" sul conflitto nel Donbass, al quale erano presenti anche François Hollande e Petro Porošenko. Al centro delle discussioni vi erano gli accordi di pace di Minsk e i successivi passi da intraprendere. Questo e' stato il secondo vertice, dopo quello tenutosi l'anno scorso a Parigi. Durante la conferenza stampa, Angela Merkel ha ammesso che "questa giornata non e' stata cosi' fruttuosa".

Barack e Michelle Obama

«Quando rispettiamo le fedi praticate nelle nostre chiese e nelle nostre sinagoghe, quando rispettiamo le nostre moschee e i nostri templi, siamo molto piu' sicuri. Quando accogliamo gli immigranti con i loro talenti e i loro sogni, ci rafforziamo. Quando ci schieriamo a favore dei nostri fratelli e sorelle omosessuali e consideriamo il loro amore e i loro diritti uguali di fronte alla legge, noi difendiamo al contempo la nostra propria liberta'»

Disoccupazione, fame, disuguaglianze nel mondo
Barack Obama in visita a Berlino (19.06.2013)

Barack Obama e Joachim Gauck

Spionaggio e cultura: entrambe a favore di ideologie opposte. Stas Namin con il suo Rock ha contribuito alla dissoluzione dell'Unione Sovietica. Edward Snowden, invece, a causa delle sue rivelazioni sull'intelligence americana, e' dovuto fuggire in Russia

Edward Snowden

Giuseppe Conte

Michele Valensise

Pietro Benassi e Stefania Giannini

Paolo Gentiloni

Ursula von der Leyen e Emma Marcegaglia

3

Politici italiani a Berlino

A Berlino, grazie alla mia attivita' di giornalista e fotografo, ho avuto la possibilita' di incontrare molte personalita' politiche italiane. In questi anni si sono susseguiti quattro ambasciatori e cinque presidenti del consiglio, che ho fotografato: Mario Monti, Enrico Letta, Matteo Renzi, Paolo Gentiloni, Giuseppe Conte. Inoltre vi sono stati altri precedenti presidenti del consiglio: Giuliano Amato e Romano Prodi. Altro nome che vorrei citare e' quello di Mario Draghi.

Premio Henry A. Kissinger 2015 a Giorgio Napolitano

Durante visita di Stato (Berlino, 22.02.2013)

Contributo di rilievo nelle relazioni transatlantiche

Giuliano Amato

Maria Elena Boschi

Pierferdinando Casini

Marta Dassu'

Mercoledi' 17 giugno 2015, a Berlino, presso l'American Academy, e' stato consegnato, il Premio Henry A. Kissinger 2015 a Giorgio Napolitano e a Hans-Dietrich Genscher. Tra gli ospiti di quest'anno vi erano l'ex Presidente del Consiglio Giuliano Amato; Pierferdinando Casini; Marta Dassu', ex Sottosegretaria di Stato del Ministero degli Affari Esteri; Maria Elena Boschi, Ministro per le riforme costituzionali e per i rapporti con il Parlamento e Giuseppe Vita, Presidente del Consiglio di Amministrazione di UniCredit.

Giuseppe Vita

Mario Monti

Venerdi' 13 giugno 2012, Mario Monti ha ricevuto, a Berlino, in occasione del quinto foro annuale della ESMT, la Scuola europea di Management e Tecnologia, il premio conferitogli per la sua "Conduzione Responsabile". Al Presidente del Consiglio e' stato riconosciuto l'ottimo lavoro svolto in ambito europeo. Non meno importanti, pero', sono stati "gli incredibili risultati raggiunti in Italia in sei mesi di governo", come ha dichiarato Schäuble, il Ministro Federale delle Finanze della Germania, incaricato di consegnargli il riconoscimento. Schäuble, di fronte ai numerosi giornalisti e ai partecipanti alla manifestazione, lo ha definito "intelligente ed affascinante" ed un "modello da seguire". "Monti, io sono convinto", ha poi aggiunto, "che tu sia la giusta guida, al posto giusto e al momento giusto".

In alto: Wolfgang Schäuble
In alto a destra: il noto giornalista Bruno Vespa durante le celebrazioni di Menarini
In basso a destra: Elsa Fornero

Elezioni italiane viste da Berlino: Discorso europeista di Bersani

(5 febbraio 2013). I timori di un'Italia che vada contro l'Europa sono stati espressi chiaramente anche da Pier Luigi Bersani in visita a Berlino, presso la Deutsche Gesellschaft für Auswärtige Politik: "Vorrei ricordare il nostro ex Presidente della Repubblica Carlo Azeglio Ciampi: ci sono 50 milioni di ragioni, cioe' i 50 milioni di morti della seconda guerra mondiale per essere a favore di una maggiore integrazione europea. Ed io credo ancora che sia giusto partire da li', dal ricordo di come un continente distrutto, affamato, impaurito, sia diventato nel mondo, nell'arco di sole tre generazioni, l'area che ha cancellato dalla propria cultura politica la tentazione della guerra (...)"

"L'Europa, gli Stati Uniti e i mercati finanziari sperano che alle elezioni vincano i pragmatici Bersani e Monti."

Mario Draghi

Romano Prodi

Emma Bonino

Sergio Mattarella

Pier Carlo Padoan

Susanna Camusso

Antōnīs Samaras e Enrico Letta

Beppe Grillo e la forza del pensiero

Beppe Grillo ha tenuto uno dei suoi celebri e seguitissimi spettacoli.
Il comico e' considerato dalla stampa tedesca come un fattore negativo per il progetto dell'unione europea

Berlino, 31.05.2011

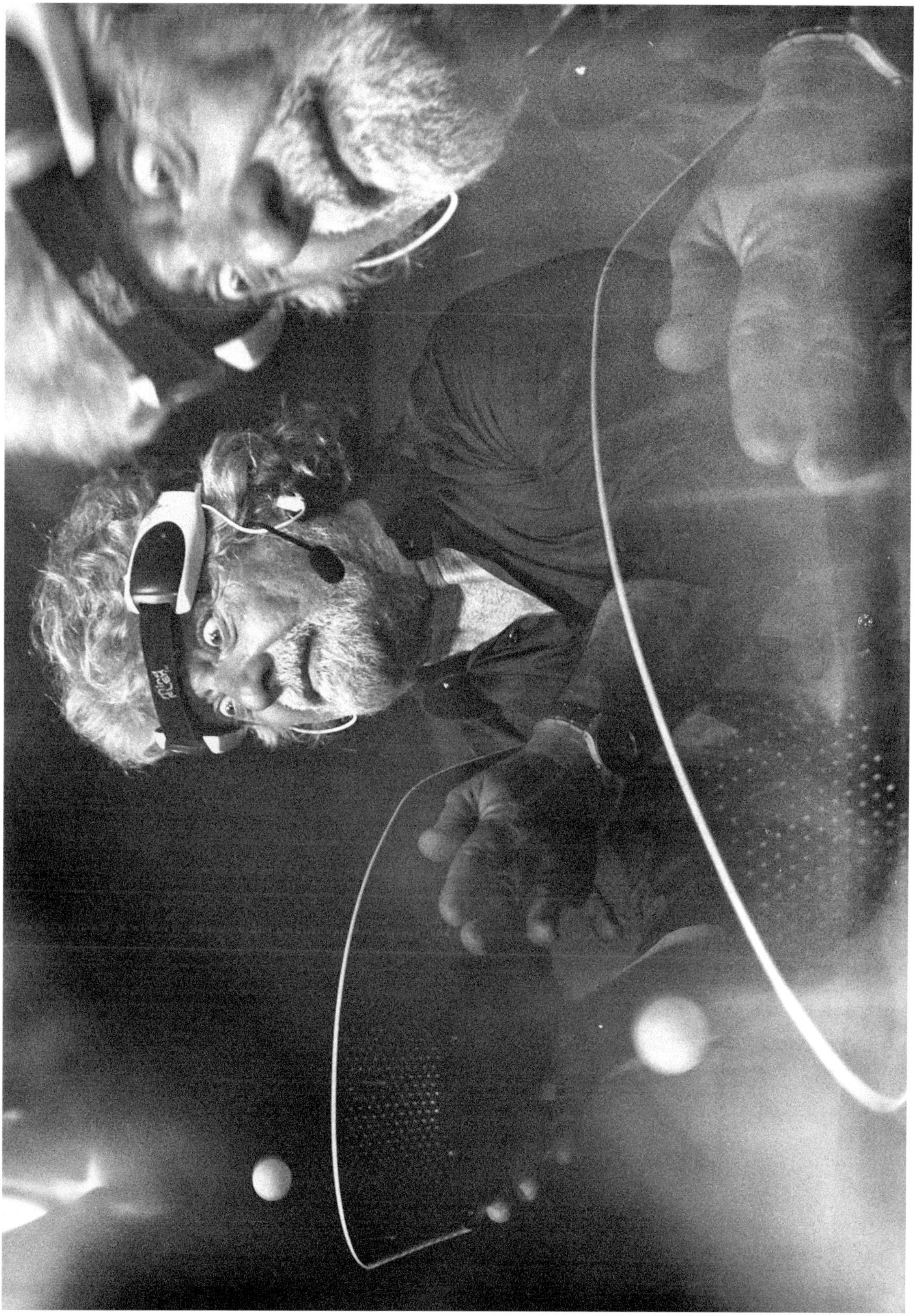

Matteo Renzi e François Hollande

KARSTADT
WINTERGARTEN
Forever Young
Be
verste

east forum Berlin
22 April 2015

4

Politica locale

La mia avventura di giornalista e fotoreporter e' iniziata durante la campagna elettorale del futuro sindaco Klaus Wowereit. Lo ricordo, come se fosse oggi, accerchiato da agguerriti fotografi, cameramen e sostenitori, mentre lo immortalavo, gettando orsacchiotti (simbolo di Berlino) verso gli spettatori. Al termine mi sono gettato nella mischia e, superando la mia timidezza, gli chiesi: "posso farle tre domande". "No, soltanto due", mi rispose. Dopo l'intervista, mi girai e vidi una miriade di macchine fotografiche e telecamere puntare verso di me, che quasi mi intimorirono. Non possedevo ancora neanche il tesserino di giornalista.

Foto in alto: Klaus Wowereit. In basso: Michael Müller

BERLINO - Elezioni 2016

BERLIN im

HOTEL DES ALPES

Indice dei nomi